Niet meer depressief

Dit boek, *Niet meer depressief; Werkboek voor de cliënt*, is onderdeel van de reeks Protocollen voor de GGZ.

Serie Protocollen voor de GGZ
De boeken in de reeks Protocollen voor de GGZ geven een sessiegewijze omschrijving van de behandeling van een specifieke psychische aandoening weer. De theorie is beknopt en gestoeld op wetenschappelijke evidentie voor zover deze bekend is. Protocollen voor de GGZ is bedoeld voor psychologen, psychotherapeuten, psychiaters en andere hulpverleners.

Bestellen:
De boeken zijn te bestellen via de boekhandel of rechtstreeks via de webwinkel van uitgeverij Bohn Stafleu van Loghum: www.bsl.nl

Redactie
Dr. Claudi Bockting, klinisch psycholoog, psychotherapeut en gedragstherapeut, universitair hoofddocent klinische psychologie, Rijksuniversiteit Groningen
Dr. Mascha ten Doesschate, psychiater Arkin en onderzoeker Universiteit van Amsterdam, Amsterdam
Prof.dr. Chijs van Nieuwenhuizen, bijzonder hoogleraar forensische geestelijke gezondheidszorg, coördinator behandeling & onderzoek, forensische jeugdpsychiatrische kliniek De Catamaran, Eindhoven
Drs. Willemijn Scholten, psychotherapeut en gedragstherapeut, GGZinGeest, Amsterdam

Niet meer depressief

Werkboek voor de cliënt

Claudi Bockting

Bohn Stafleu van Loghum
Houten 2009

© 2009 Bohn Stafleu van Loghum, onderdeel van Springer Uitgeverij
Alle rechten voorbehouden. Niets uit deze uitgave mag worden verveelvoudigd, opgeslagen in een geautomatiseerd gegevensbestand, of openbaar gemaakt, in enige vorm of op enige wijze, hetzij elektronisch, mechanisch, door fotokopieën of opnamen, hetzij op enige andere manier, zonder voorafgaande schriftelijke toestemming van de uitgever.
Voor zover het maken van kopieën uit deze uitgave is toegestaan op grond van artikel 16b Auteurswet 1912 j° het Besluit van 20 juni 1974, Stb. 351, zoals gewijzigd bij het Besluit van 23 augustus 1985, Stb. 471 en artikel 17 Auteurswet 1912, dient men de daarvoor wettelijk verschuldigde vergoedingen te voldoen aan de Stichting Reprorecht (Postbus 3051, 2130 KB Hoofddorp). Voor het overnemen van (een) gedeelte(n) uit deze uitgave in bloemlezingen, readers en andere compilatiewerken (artikel 16 Auteurswet 1912) dient men zich tot de uitgever te wenden.

Samensteller(s) en uitgever zijn zich volledig bewust van hun taak een betrouwbare uitgave te verzorgen. Niettemin kunnen zij geen aansprakelijkheid aanvaarden voor drukfouten en andere onjuistheden die eventueel in deze uitgave voorkomen.

ISBN 978 90 313 7427 4
NUR 777
Ontwerp omslag: Studio Bassa, Culemborg
Ontwerp binnenwerk: Studio Bassa, Culemborg
Automatische opmaak: Pre Press, Zeist

Bohn Stafleu van Loghum
Het Spoor 2
Postbus 246
3990 GA Houten

www.bsl.nl

Inhoud

Voorwoord	6
Sessie 1	7
Sessie 2	15
Sessie 3	23
Sessie 4	29
Sessie 5	35
Sessie 6	41
Sessie 7	47
Sessie 8	51
Literatuur	53

Voorwoord

Voor u ligt het cliëntenwerkboek gericht op het voorkomen van terugval, voor mensen die last hebben van terugkerende depressies (zogenoemde recidiverende depressies).
Uit onderzoek blijkt dat het regelmatig voorkomt dat mensen die goed opgeknapt zijn van een depressie, later opnieuw depressief worden. Naarmate er in het verleden meer depressieve perioden hebben plaatsgevonden, neemt de kans op terugval zelfs toe. Depressie is een veelvoorkomende aandoening die gepaard gaat met veel persoonlijk leed, maar ook met maatschappelijke problematiek. Het is van groot belang, nu u opgeknapt bent, om aandacht te besteden aan het voorkomen van terugval.
Uit onderzoek in het buitenland blijkt dat een soort vaardigheidstraining, gebaseerd op cognitieve principes, effectief lijkt te zijn in het voorkomen van terugval bij mensen die hersteld zijn van een depressie (Fava et al., 2004; Vittengl et al., 2007, Teasdale et al., 2000; Bockting, Spinhoven & Huibers, 2009, in druk). De in Nederland ontwikkelde vaardigheidstraining van acht groepssessies is gebaseerd op de cognitieve therapie zoals deze ontwikkeld is door professor Beck (Beck, 1979; Beck et al., 1995). Uit onderzoek uitgevoerd in het AMC onder leiding van prof.dr. A. Schene blijkt deze training beschermend te werken tegen depressieve terugval over een periode van twee jaar en zelfs over vijfenhalf jaar (Bockting et al., 2005; Bockting, 2006, Bockting et al., 2009, in druk). De effectiviteit van deze training is onderzocht in een groepsvorm met acht tot twaalf mensen, maar er zijn aanwijzingen dat de training ook individueel gebruikt kan worden (Vittengl et al., 2007).
In deze training wordt u geleerd wat u zelf kunt doen om terugval te voorkomen. Daarbij wordt veel aandacht besteed aan het veranderen van het denken. Het is van belang om te proberen open te staan voor andere (nieuwe) gedachten. Elke sessie krijgt u opdrachten mee. Dit thuiswerk is meestal goed te doen in circa tien minuten per dag. De opdrachten zijn een belangrijk onderdeel van deze training. Het belangrijkste is dat u het elke dag probeert. Het is aan te raden dit op van tevoren vastgestelde tijden te doen. Elke sessie ziet er in principe hetzelfde uit. Zo beginnen we met het beantwoorden van vragen naar aanleiding van de vorige sessie, gevolgd door het bespreken van het gedane thuiswerk. Vervolgens nemen we nieuwe stof door en ten slotte spreken we het thuiswerk voor de volgende keer af.
De therapeuten die de trainingen uitvoeren zijn ervaren therapeuten die getraind zijn in de cognitieve gedragstherapie. De training zal uiteindelijk resulteren in een persoonlijk preventieplan, waarin is opgenomen wat u kunt doen in het geval dat u toch klachten zou krijgen. Het doel van deze training is om te zorgen dat u minder vaak en minder snel een depressieve terugval krijgt. U merkt dus gedurende de training niet of het helpt, maar pas op de lange termijn.
Deze training kan plaatsvinden naast de contacten die u mogelijk nog hebt met uw behandelaar of met uw huisarts en eventueel naast het gebruik van antidepressiva ter bescherming tegen terugval.
Succes met de preventieve cognitieve training!

Claudi Bockting

Sessie 1

De agenda van deze sessie bestaat uit de volgende punten:
- inleiding: informatie over terugval en kwetsbaarheid;
- uitleg over de achtergrond van preventieve cognitieve training;
- uitleg over de werkwijze in deze training;
- leren onderscheiden van situatie, gevoel en gedachte bij negatieve ervaringen/stemmingsverslechtering, plus registratieopdracht;
- identificatie van negatieve automatische gedachten (met behulp van automatischegedachten-vragenlijst – AGV);
- uitleg thuiswerk en benodigdheden.

Inleiding: informatie over terugval en kwetsbaarheid

Depressie is een veelvoorkomende aandoening die gepaard gaat met veel persoonlijk leed, maar ook met maatschappelijke problematiek. Volgens het meest gehanteerde psychiatrische classificatiesysteem, de 'Diagnostic and Statistical Manual' (DSM), moet ten minste één van de volgende symptomen aanwezig zijn om te mogen spreken van een depressie: ofwel 1) een sombere stemming ofwel 2) interesseverlies of verlies van plezier. In totaal moeten vijf van de hierna genoemde symptomen gedurende minimaal twee weken aanwezig zijn om te mogen spreken van een depressieve stoornis volgens de DSM.

DSM-criteria depressieve stoornis
1. Sombere stemming, gedurende een groot deel van de dag
2. Duidelijke verminderde interesse of verlies van plezier, gedurende een groot deel van de dag en bijna elke dag
3. Duidelijk gewichtsverlies of gewichtstoename (zonder dieet), of een vermindering van eetlust op de meeste dagen van de week
4. Inslaapproblemen of doorslaapproblemen, bijna elke dag
5. Motorische agitatie of remming of vertraging, bijna elke dag
6. Moeheid of verlies van energie, bijna elke dag
7. Gevoelens van waardeloosheid of overmatig schuldgevoel, bijna elke dag
8. Concentratieproblemen of besluiteloosheid, bijna elke dag
9. Herhaalde gedachten aan de dood, herhaalde suïcidale gedachten zonder of met een specifiek plan om zich van het leven te beroven of suïcidepogingen

De stemming moet een verandering zijn ten opzichte van vroeger en moet van invloed zijn op het dagelijks functioneren. Er wordt gesproken van een recidiverende depressieve stoornis indien er minimaal twee voorgaande depressieve episodes hebben plaatsgevonden. Deze depressieve episodes moeten onderscheiden worden door een periode van ten minste twee maanden van herstel.
Uit onderzoek blijkt dat het regelmatig voorkomt dat mensen die goed opgeknapt zijn

van een depressie, later opnieuw depressief worden. Naarmate er in het verleden meer depressieve episodes hebben plaatsgevonden, neemt de kans op terugval zelfs toe (50% valt binnen twee jaar terug, 80% op levensbasis). Dit is waarschijnlijk niet prettig om te lezen, net nu u opgeknapt bent. Maar het geeft aan hoe belangrijk het is om aandacht te besteden aan het voorkómen van terugval.

Deze cognitieve training richt zich op het *verband tussen denken en voelen*. Het is gebleken dat de gedachten die we hebben een belangrijke rol spelen bij wat we voelen. In deze preventieve cognitieve training leert u hoe u zelf invloed kunt hebben op uw gevoel en daarmee wat u zelf kunt doen om de kans op terugval te verminderen. Daarnaast besteden we aandacht aan het trainen van het gedetailleerd onthouden en weergeven van positieve en negatieve gebeurtenissen.

Uitleg over achtergrond preventieve cognitieve training

Het cognitieve model van Beck (1979) is als uitgangspunt gebruikt voor de ontwikkeling van deze cognitieve training (zie figuur 1). De cognitieve training richt zich op het verband tussen denken en voelen. Deze training gaat ervan uit dat de manier van interpreteren van onze ervaringen een grote rol speelt bij depressieve klachten.

Mensen vormen op basis van ervaringen ideeën over zichzelf en de omgeving. Deze ideeën worden *leefregels* genoemd. Aan de hand van deze leefregels kunnen we ons gedrag regelen en evalueren. We kennen aan de hand van leefregels betekenissen toe aan onze ervaringen. Het leven wordt op deze manier overzichtelijk.

De leefregels kunnen zo gevormd zijn dat ze in een bepaalde periode nuttig en handig zijn, maar later problemen opleveren. Zo'n beperkende leefregel zou kunnen zijn: 'Ik moet alles wat ik doe goed doen, anders ben ik niets waard'. Aangezien een mens eenvoudigweg niet alles goed kan doen, is de kans groot dat deze leefregel sombere gevoelens op zal leveren.

Deze beperkende leefregels lijken een grote rol te spelen in de kwetsbaarheid voor terugval. Verondersteld wordt dat deze beperkende leefregels nog aanwezig zijn nadat u opgeknapt bent van een depressie of heel snel weer terugkomen zodra u stressvolle gebeurtenissen meemaakt.

Veel leefregels worden al jong gevormd. Het kan zo zijn dat het prima leven is met de leefregels totdat er iets ingrijpends gebeurt, waardoor de tot dan toe gebruikte leefregels problemen opleveren. De leefregels roepen dan veel negatieve gedachten op. Geleidelijk aan dringen deze gedachten zich als het ware 'vanzelf' aan u op, zonder dat u stilstaat bij de achterliggende leefregels. De negatieve gedachten breiden zich steeds meer uit. Meestal gaat dit gepaard met een toename van somberheid en alle andere klachten die gekoppeld zijn aan een depressie.

Naarmate de somberheid toeneemt, komen de negatieve gedachten steeds vaker voor en worden ze steeds intenser en geloofwaardiger. Het wordt steeds moeilijker om deze gedachten te relativeren. Dit alles versterkt weer de somberheid. Het is een cirkel waarin men kan belanden: hoe somberder u wordt, hoe meer negatieve gedachten er in u opkomen, deze gedachten worden steeds geloofwaardiger en zodoende versterkt dit de somberheid. *Wellicht herkent u dit uit periodes dat u depressief was?* In deze training leren we u te voorkomen dat u in deze cirkel belandt, door de kwetsbaarheid voor terugval aan te pakken. Beperkende leefregels spelen daar waarschijnlijk een belangrijke rol in. Deze training is er dan ook op gericht om u te leren deze beperkende leefregels te veranderen. Daarnaast leren we u in deze training om gebeurtenissen meer in detail weer te geven, aangezien gebleken is dat mensen die depressief zijn geweest, herinneringen veel minder tot in detail kunnen weergeven. Er wordt verondersteld dat dit tevens zou bijdragen aan het feit dat mensen die hersteld zijn van een depressie, gevoeliger blijven voor terugval.

Figuur 1
Model Beck: het cognitieve model.

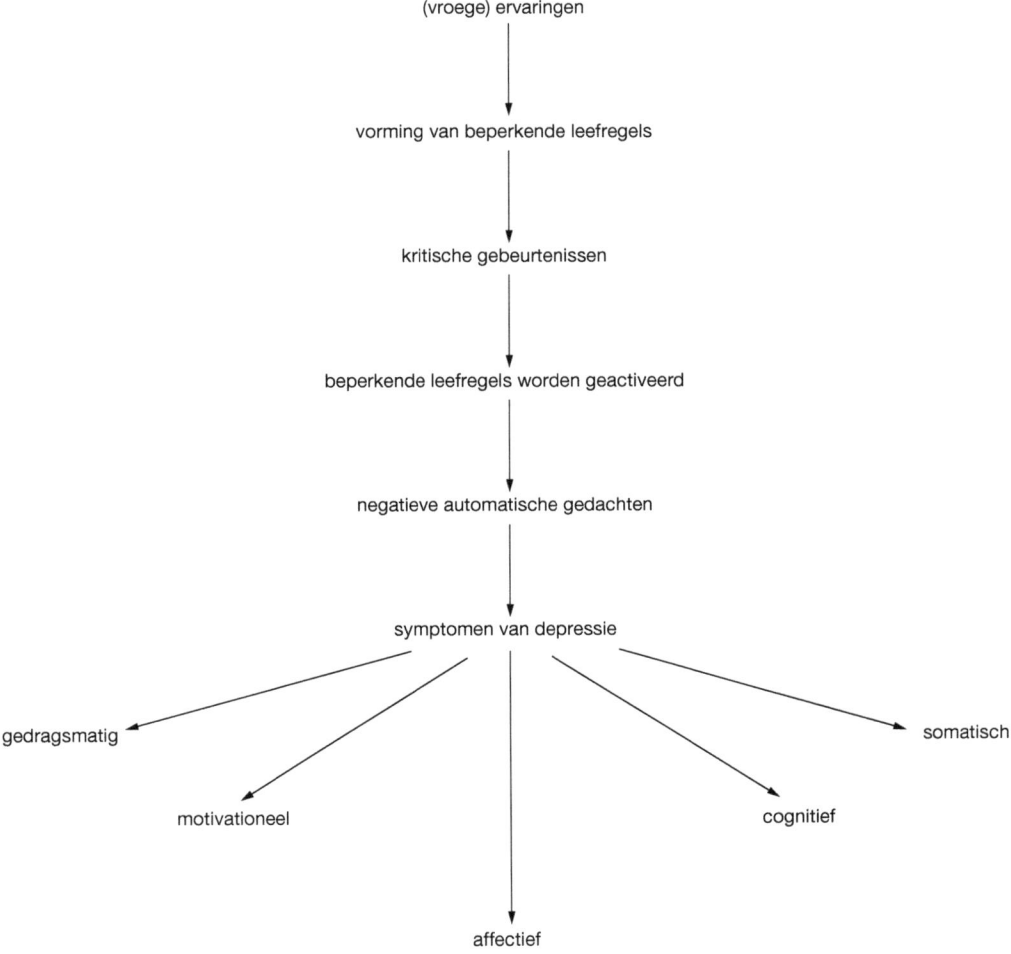

Uitleg over de werkwijze in deze training

Eerst onderzoeken we welke gedachten u hebt als uw stemming verslechtert. Dat zullen we doen aan de hand van situaties die u kort tevoren hebt meegemaakt. We zullen met u nagaan of u negatieve gedachten had, en welke aanleiding er in zo'n situatie is om tot die gedachte te komen.
Vervolgens gaan we aandacht besteden aan ideeën die ten grondslag liggen aan de automatische negatieve gedachten (deze worden leefregels genoemd). Leefregels zijn ideeën die we in de loop van ons leven hebben opgedaan. Ze lijken een belangrijke rol te spelen bij de gevoeligheid voor terugval. Een belangrijk aspect van deze training is het onderzoeken van deze leefregels en zo nodig het bijstellen van deze leefregels en het versterken van helpende aangepaste leefregels.
In het voorgaande is al even aangekaart dat veel mensen die hersteld zijn van een depressie, moeite hebben om tot in detail te kunnen onthouden en weergeven. Dit kan het moeilijk maken om problemen op te lossen. Zodoende besteden we in deze training veel aandacht aan het tot in detail weergeven van de dingen die u meemaakt. Gezien het feit dat mensen die depressief zijn of zijn geweest ook positieve gebeurtenissen niet in detail onthouden, besteden we ook aandacht aan het tot in detail weergeven van positieve gebeurtenissen (Pollock & Williams, 2001; Petersen et al., 2004). We gaan dit oefenen door een soort dagboek bij te houden van in eerste instantie negatieve gebeurtenissen en later ook positieve gebeurtenissen.

Leren onderscheiden van situatie, gevoel en gedachte bij negatieve ervaringen/stemmingsverslechtering, plus registratieopdracht

Men kan meestal op verschillende manieren tegen een gebeurtenis aankijken. Uit ervaring weten we dat depressieve mensen vaak de sombere/zwarte kant van dingen naar voren halen en plezierige/fijne kanten uit het oog verliezen, soms is dit ook nog zo nadat men is opgeknapt van een depressie. Deze training is gebaseerd op het idee dat hoe men zich *voelt* in een bepaalde situatie beïnvloed wordt door de *gedachten* die iemand over een situatie heeft. Een klassiek voorbeeld in de cognitieve therapie is dit: stelt u zich eens voor dat u in bed ligt en dat u een geluid beneden hoort; wanneer u denkt dat het uw kat is, zult u zich waarschijnlijk rustig voelen en doorslapen. Als u nu in dezelfde situatie zou denken dat het een inbreker is, zult u waarschijnlijk angstig zijn en misschien de politie bellen. Dus de situatie is hetzelfde, maar de manier waarop u denkt over de situatie zal bepalen hoe u zich voelt. *Gedachten kunnen dus voor een groot deel bepalen hoe we ons voelen.*

In de loop van de tijd kan het een gewoonte worden om zo negatief te denken. Bij gewoonten is het meestal zo dat u er eigenlijk niet bij stilstaat dat u ze hebt. Zo is het ook bij deze manier van denken: alles van de donkere kant bekijken kan een gewoonte geworden zijn die 'automatisch' optreedt en die u zich niet meer realiseert. En daardoor lijkt het ook alsof een bepaalde gebeurtenis direct leidt tot een negatieve stemming, terwijl er eigenlijk nog een tussenschakel is; de gedachten. Denk aan bijvoorbeeld lopen en autorijden. We noemen de gedachten bij deze manier van denken dan ook wel automatische gedachten. Ze worden ook wel negatieve gedachten genoemd, vanwege de negatieve gevolgen.

Registratieopdracht: drie kolommen

Registratieformulier 1 aan het eind van deze sessie is ingedeeld in drie kolommen: 1) situatie, 2) gevoel, 3) automatische gedachte. Het is de bedoeling dat u minimaal één keer per dag de drie kolommen invult, wanneer u een negatief gevoel hebt of een verslechtering van de stemming merkt (denk aan verdriet, somberheid, boosheid, spanning, schuldgevoel). Beschrijf het gevoel kort en bondig in kolom 2. Probeer alle kolommen kort en bondig in te vullen, met behulp van kernwoorden en korte zinnen. Beschrijf in de eerste kolom de situatie waarin u dit gevoel kreeg; dit mag ook een bepaalde gedachtestroom zijn, een dagdroom of een herinnering die tot het gevoel leidde. Vervolgens beschrijft u in kolom 3 de automatische gedachten die met dit gevoel te maken hadden. Soms lukt het niet iets op te schrijven direct na de verslechtering van de stemming. Maak in dat geval kort een notitie en werk die later uit. Het is de bedoeling per dag vijf tot tien minuten te besteden aan het invullen van de kolommen na een negatief gevoel. In figuur 2 wordt een voorbeeld gegeven.

Figuur 2
Voorbeeld invulling drie kolommen.

Situatie	Gevoel	Automatische gedachte
Onderweg naar de cognitieve training	onzeker	"Ze zullen me raar vinden"

Identificatie van negatieve automatische gedachten (met behulp van de automatischegedachten-vragenlijst – AGV)

Soms is het moeilijk negatieve automatische gedachten bij uzelf te ontdekken. Om u daarbij te helpen, kunt u voor de volgende sessie de automatischegedachten-vragenlijst (AGV, vertaalde ATQ) invullen (zie AGV bij deze sessie). Deze vragenlijst bevat allemaal voorbeelden van negatieve gedachten. De volgende sessie wordt de AGV verder besproken.

Samenvatting automatische gedachten

Gedachten → Gevoelens
- Gedachten beïnvloeden gevoelens.
- Sommige automatische gedachten zijn niet (helemaal) correct.
- In een depressieve periode hebben mensen te veel negatieve gedachten.

Belangrijk hulpmiddel
Gedachten opschrijven in drie kolommen na iedere stemmingsverslechtering en -verbetering:
- Wat is het gevoel?
- Wat is de situatie/gebeurtenis; beschrijf zo objectief mogelijk in één zin.
- Wat dacht u direct voorafgaand aan de verandering in het gevoel?

Thuiswerk voor komende sessie

- Invullen automatische gedachten-vragenlijst (AGV).
- Invullen drie kolommen, eenmaal per dag, één negatief gevoel (Registratieformulier 1).
- Lezen sessie 2 van het werkboek.

Registratieformulier 1

De drie kolommen bij negatieve gevoelens

Naam: _____

Situatie	Gevoel	Automatische gedachte
Beschrijf de gebeurtenis of de gedachtestroom (beeld, dagdroom, herinnering) die leidde tot het onplezierig gevoel (in 1 zin).	Noteer: 1. Welk gevoel?	1. Beschrijf de gedachten die aan het gevoel vooraf gingen.

AGV

ATQ-30-NLJAN/Automatischegedachten-lijst[1]

Toelichting:

Hieronder volgt een lijst van gedachten die u door het hoofd kunnen gaan. Lees elke gedachte zorgvuldig en geef aan hoe nauw deze gedachte aansluit bij hoe u op het moment nadenkt. Dit doet u door een kruisje te zetten in het vakje met het antwoord dat het beste bij u past. De volgende antwoorden zijn mogelijk:

1 = helemaal niet
2 = een beetje
3 = behoorlijk
4 = zeer veel
5 = extreem

Naam: _____

Datum: _____

Code: _____

		Helemaal niet 1	Een beetje 2	Behoorlijk 3	Zeer veel 4	Extreem 5
1.	Ik voel dat de wereld tegen me is.					
2.	Ik deug niet.					
3.	Waarom lukt mij nooit iets?					
4.	Niemand begrijpt me.					
5.	Ik heb mensen teleurgesteld.					
6.	Ik denk niet dat ik nog verder kan.					
7.	Ik wou dat ik een beter mens was.					
8.	Ik ben zo zwak.					
9.	Mijn leven gaat niet zoals ik dat wil.					
10.	Ik ben zo teleurgesteld in mezelf.					
11.	Niets voelt meer goed.					
12.	Ik kan er niet meer tegen.					
13.	Ik kan maar niet beginnen.					
14.	Wat is er toch mis met me?					
15.	Ik wou dat ik ergens anders was.					
16.	Ik krijg dingen maar niet voor elkaar.					
17.	Ik haat mezelf.					
18.	Ik ben waardeloos.					
19.	Ik wou dat ik gewoon kon verdwijnen.					
20.	Wat is er aan de hand met me?					
21.	Ik ben een 'loser'.					
22.	Mijn leven is een puinhoop.					
23.	Ik ben een mislukkeling.					
24.	Ik zal het nooit 'maken'.					
25.	Ik voel me zo hulpeloos.					
26.	Iets moet er veranderen.					
27.	Er moet wel iets mis met me zijn.					
28.	Mijn toekomst ziet er slecht uit.					
29.	Het heeft geen zin.					
30.	Ik kan niets afmaken.					

[1] Bron: Hollon, S.D., & Kendall, P.C. (1980). Cognitive self-statements in depression: Development of an Automatic Thoughts Questionnaire. *Cognitive Therapy and Research*, 4, 383-395.
Vertaling van Jan-Henk Kamphuis.

Sessie 2

Reacties vorige sessie

Aan het begin van deze sessie worden eerst reacties/vragen naar aanleiding van de vorige sessie besproken.

Bespreking thuiswerk vorige sessie

Invullen AGV

De ingevulde automatischegedachten-vragenlijst (AGV van sessie 1) wordt kort besproken. *Welke gedachten herkende u vooral? Komt u deze gedachten vaak tegen? Hoe voelt u zich bij deze gedachten? Hinderen ze u of helpen ze u?*

Invullen drie kolommen

Het ingevulde Registratieformulier 1 (van sessie 1) wordt kort besproken. De bespreking is gericht op de invloed van negatieve gedachten op het gevoel.

EXTRA UITLEG DRIE KOLOMMEN

Bij het invullen van de drie kolommen is het u misschien opgevallen dat mensen op verschillende manieren tegen een gebeurtenis kunnen aankijken. *Is het u opgevallen dat uw gedachten van invloed zijn op uw gevoel?* Als iemand bijvoorbeeld op een negatieve manier naar zichzelf kijkt, bijvoorbeeld: 'Ik ben waardeloos', dan zal dat het gevoel verslechteren. Ook wanneer iemand op een negatieve manier aankijkt tegen andere mensen en bijvoorbeeld denkt: 'ze moeten me niet', zal dat van invloed zijn op hoe iemand zich voelt. Een negatieve kijk op de toekomst, 'ik word nooit gelukkig', leidt doorgaans tot negatieve gevoelens. Concluderend: *gedachten* kunnen dus voor een groot deel bepalen hoe we ons *voelen*.

Het is mogelijk dat het stilstaan bij uw gedachten en gevoelens in het begin *spanning* oproept. Veel mensen zijn geneigd na het opknappen van de depressie niet meer stil te staan bij negatieve gedachten, terwijl die er soms nog wel zijn. *Herkent u dit?*

Mocht dit bij u het geval zijn, dan wil dit niet zeggen dat de training niet goed voor u is. Wel is het van belang dit met uw therapeut te bespreken.

Om manieren te leren om *zelf* terugval te voorkomen, is het nodig dat u zich bewust wordt van negatieve gedachten en ideeën die daaraan ten grondslag liggen: de zogeheten leefregels. Hieronder wordt uitgebreider uitgelegd wat met deze leefregels bedoeld wordt. U kunt ook de uitleg bij sessie 1 nog eens lezen als u daar behoefte aan hebt.

Nieuwe stof

Uitleg leefregels

Zoals in sessie 1 werd aangestipt, zijn er aanwijzingen dat bepaalde leefregels mensen kwetsbaar maken voor terugval. Mensen vormen op basis van ervaringen ideeën over zichzelf en de omgeving. Deze ideeën worden leefregels genoemd. Aan de hand van deze leefregels kunnen we ons gedrag regelen en evalueren. Veel leefregels worden al jong gevormd. Het kan zo zijn dat het prima leven is met de leefregels totdat er iets verandert of er iets ingrijpends gebeurt, waardoor de tot dan toe gebruikte leefregels problemen opleveren. De leefregels roepen dan veel negatieve gedachten op en worden *beperkende leefregels* genoemd. Geleidelijk aan dringen deze gedachten zich als het ware 'vanzelf' aan je op, zonder dat je stilstaat bij de achterliggende leefregels. De negatieve gedachten breiden zich steeds meer uit. Meestal gaat dit gepaard met een toename van somberheid en alle andere klachten die gekoppeld zijn aan een depressie. Het lijkt erop dat deze beperkende leefregels niet altijd verdwijnen met het verminderen van de depressieve klachten. Verondersteld wordt dat deze beperkende leefregels op de achtergrond aanwezig blijven en bij stress of bepaalde gebeurtenissen weer op de voorgrond komen te staan. Deze beperkende leefregels zouden dan veel negatieve gedachten kunnen opleveren.

Daarom besteden we in deze training veel aandacht aan het opsporen en onderzoeken en zo mogelijk bijstellen van deze beperkende leefregels, maar ook aan het versterken van aanwezige helpende leefregels.

VOORBEELDEN VAN LEEFREGELS

Ik moet-leefregel:
'Ik moet altijd aardig zijn tegen anderen, anders zullen anderen mij in de steek laten'
Persoonlijkecontracten-leefregel:
'Als ik maar hard genoeg werk, dan zullen anderen mij respecteren'
Leefregels met betrekking tot eigenwaarde:
'Om gelukkig te zijn, moeten anderen van me houden'

Nieuw thuiswerk: opsporen leefregels

Het is niet altijd eenvoudig om een beperkende leefregel op te sporen. Want vaak bent u zich niet bewust van deze leefregels. *Wellicht hebt u op grond van de registraties al enkele leefregels ontdekt?*
Om u verder te helpen met het opsporen van deze beperkende leefregels, is het de bedoeling dat u voor de volgende keer de leefregelvragenlijst (Leefregelvragenlijst bij deze sessie) invult. In deze vragenlijst staan allerlei voorbeelden van leefregels vermeld en u wordt gevraagd of u zich daarin herkent. Als u deze vragenlijst ingevuld hebt, dan kunt u in Registratieformulier 2, aan het eind van deze sessie, de leefregels noteren die u op grond van de vragenlijst hebt opgespoord. U kunt natuurlijk ook zelf leefregels bedenken en aanvullen.
Nadat u een beeld hebt gekregen van uw leefregels met behulp van de leefregelvragenlijst, wordt u gevraagd stil te staan bij gebeurtenissen uit het verleden die een rol speelden bij de vorming van deze leefregels. *Hebt u herinneringen aan gebeurtenissen waarin u als kind al deze leefregel had?*
Komen de leefregels overeen met opvattingen die uw familie of uw opvoeders hadden?
Probeer een korte notitie te maken van belangrijke gebeurtenissen die hierbij een rol speelden of opvattingen van uw gezin van herkomst.

Thuiswerk voor komende sessie

- Invullen Leefregelvragenlijst en herkende leefregels noteren in Registratieformulier 2.
- Kort noteren belangrijke gebeurtenissen/opvattingen binnen het gezin bij de vorming van beperkende leefregels.
- Lezen werkboek sessie 3.

Leefregelvragenlijst

DAS, versie A voor stemmingsinductie/(vertaalde Dysfunctional Attitude Scale: 40 items)[2]

Toelichting:

In de volgende lijst staat een aantal opvattingen die mensen kunnen hebben. Lees elke opvatting aandachtig en beslis steeds in hoeverre u het met de gegeven stelling eens bent. Bij elke opvatting moet u een kruisje zetten in het hokje dat het beste aangeeft hoe **u zelf** over de gegeven opvatting denkt. Dus bij elke opvatting geeft u aan wat meestal of altijd **uw persoonlijke mening** daarover is.
Niemand heeft dezelfde meningen en overtuigingen als iemand anders. Daarom zijn er geen foute antwoorden.
Elk antwoord is goed, als het maar echt uw eigen mening weergeeft.

Voorbeeld:	+3 zeer mee eens	+2 mee eens	+1 een beetje eens	0 niet eens, niet oneens	−1 een beetje oneens	−2 oneens	−3 volstrekt oneens
De meeste mensen zijn goed als je ze eenmaal hebt leren kennen							

De hokjes met de antwoorden hebben de volgende betekenis:

+3   **zeer** mee **eens**
+2   **mee eens**
+1   slechts een **beetje** mee **eens**
 0   **niet** mee **eens**, maar ook **niet** mee **oneens**
−1   slechts een **beetje** mee **oneens**
−2   **mee oneens**
−3   **volstrekt** mee **oneens**

Stel dat iemand het beslist of absoluut niet met de gegeven opvatting eens is, dan komt het kruisje in het hokje 'volstrekt oneens' (−3). Maar is iemand het een beetje met de opvatting eens, dan moet het kruisje in het hokje 'beetje eens' (+1).
Zo moet u het bij de volgende bladzijden ook doen. Steeds moet uw antwoord duidelijk maken **hoe u meestal of altijd over elke opvatting denkt.**
Voor het gemak kunt u dit blaadje erbij houden. Veel succes met invullen.

Datum: _____

---

[2] Bron: Weissmann, A.N., & Beck, A.T. (1978). Development and validation of the Dysfunctional Attitude Scale: A preliminary investigation. Paper presented at the annual meeting of the American Educational Research Association, Toronto. Vertaling: Douma, M., Van de Bosch, J., Van Dongen, P.H.M. & Jansen, A.E. (1991). Het meten van een trekdepressie. Constructie van een Nederlandstalige bewerking van de Dysfunctional Attitude Scale van Arlene Weissman. (Handleiding). Meerssen: St. Louis Marie Jamin.

	OPVATTINGEN	+3 zeer mee eens	+2 mee eens	+1 een beetje eens	0 niet eens, niet oneens	−1 een beetje oneens	−2 oneens	−3 volstrekt oneens
1.	Alleen als je er leuk uitziet en ook nog rijk en slim bent, kun je gelukkig worden.							
2.	Geluk heeft meer te maken met hoe ik over mijzelf denk, dan met de mening van anderen over mij.							
3.	Mensen zullen mij lager waarderen als ik een fout maak.							
4.	Als ik het niet altijd goed doe, slaan mensen mij minder hoog aan.							
5.	Zelfs een klein risico nemen is al gekkenwerk, want het kan uitlopen op een grote ramp.							
6.	Je kunt waardering krijgen zonder dat je speciale gaven of talenten hebt.							
7.	Als ik iets goeds doe, dan is dat toeval. Maar doe ik iets fout, dan ligt dat meestal aan mezelf.							
8.	Als je een ander om hulp vraagt, dan ben je een slappeling met weinig karakter.							
9.	Ik ben een minderwaardig mens als anderen dingen beter kunnen dan ik.							
10.	Ik ben een mislukkeling als ik het thuis of op mijn werk niet goed doe.							
11.	Als je iets niet zo goed kunt, dan moet je er nooit aan beginnen.							
12.	Fouten maken is juist goed, want daar kun je van leren.							
13.	Iemand die mij ongelijk geeft, heeft meestal een hekel aan me.							
14.	Dingen die je overkomen moet je eigenlijk in je greep of in je macht hebben.							
15.	Als andere mensen precies zouden weten hoe ik in werkelijkheid ben, dan zouden ze mij slecht vinden.							
16.	Als mijn waardering en liefde voor iemand niet wederzijds is, ben ik een nul.							
17.	Je kunt plezier hebben in dingen, zonder te weten hoe ze aflopen.							
18.	Voordat mensen ergens aan beginnen, zouden ze eerst moeten weten dat het ook gaat lukken.							
19.	Belangrijk is dat ik het iedereen naar de zin probeer te maken.							
20.	Als ik niet het hoogste probeer te bereiken, eindig ik nog slecht.							

	OPVATTINGEN	+3 zeer mee eens	+2 mee eens	+1 een beetje eens	0 niet eens, niet oneens	-1 een beetje oneens	-2 oneens	-3 volstrekt oneens
21.	Om een waardevol mens te zijn, moet ik in elk geval ergens in uitblinken.							
22.	Mensen met goede ideeën zijn meer waard dan mensen zonder rijke gedachten.							
23.	Ik zou eigenlijk overstuur moeten raken, als ik een blunder maak.							
24.	Wat ik van mijzelf vind, is belangrijker dan hoe anderen mij zien.							
25.	Om goed en waardevol te zijn, moet ik iedereen helpen die mij nodig heeft.							
26.	Steeds als ik iets moet vragen, lijk ik dom en waardeloos.							
27.	Het is verschrikkelijk om afkeuring te krijgen van mensen die je belangrijk vindt.							
28.	Als je niemand hebt als steun en toeverlaat, word je gemakkelijker ongelukkig.							
29.	Ik kan persoonlijke doelen bereiken zonder dat ik mezelf hoef op te jagen.							
30.	Men kan worden vernederd zonder dat men daar gelijk van overstuur raakt.							
31.	Andere mensen kan ik moeilijk in vertrouwen nemen, omdat ze mij daarna pijn zouden kunnen doen.							
32.	Als anderen niets om je geven, word je nooit een gelukkig mens.							
33.	Om anderen een plezier te doen, moet je jezelf helemaal wegcijferen.							
34.	Iemand die vaak rekening met zichzelf houdt, is slecht en egoïstisch.							
35.	Ik heb geen aandacht en waardering van anderen nodig om blij en opgewekt te zijn.							
36.	Als je maar niet te veel aandacht aan problemen besteedt, dan verdwijnen ze meestal vanzelf.							
37.	Ik kan best gelukkig worden, ook al mis ik bepaalde dingen in het leven.							
38.	Wat anderen van mij vinden, is erg belangrijk.							
39.	Je moet altijd op het ergste voorbereid zijn, anders word je vaak teleurgesteld.							
40.	Ook al geeft niemand echt om mij, ik zal het geluk toch wel vinden.							

Registratieformulier 2

Beperkende leefregels

Naam: _____

Noteer oude (beperkende) leefregels zoals u die hebt aangetroffen in de leefregelvragenlijst.
Het is ook mogelijk zelf beperkende leefregels te formuleren.

Beperkende leefregels:

1. _____
2. _____
3. _____
4. _____
5. _____
6. _____
7. _____
8. _____
9. _____
10. _____
11. _____
12. _____
13. _____
14. _____
15. _____
16. _____
17. _____
18. _____
19. _____
20. _____

Sessie 3

Reacties vorige sessie

Aan het begin van deze sessie worden eerst reacties/vragen naar aanleiding van de vorige sessie besproken.

Bespreking thuiswerk vorige sessie

Invullen leefregelvragenlijst

In deze sessie wordt besproken of u bepaalde leefregels herkende in de Leefregelvragenlijst van sessie 2. Zo ja, welke invloed hebben die leefregels op u? Helpen ze u of hinderen ze u? Kunt u begrijpen hoe ze ontstaan zijn? Indien u geen leefregel herkende, hebt u dan unieke eigen leefregels kunnen formuleren? Het is mogelijk dat dit ook niet het geval is. Geef dit dan aan bij uw therapeut; deze kan u helpen na te gaan welke factoren daarbij een rol spelen. Daarbij zou u (samen met uw therapeut) ook gebruik kunnen maken van de door u ingevulde drie kolommen. Zo kunt u letten op eventuele patronen in uw negatieve gedachten.

Notitie belangrijke gebeurtenissen/opvattingen binnen het gezin bij de vorming van beperkende leefregels

Aan de orde komen gebeurtenissen uit uw verleden die mogelijk een rol speelden bij de vorming van een leefregel. Hebt u herinneringen aan gebeurtenissen waarin u als kind al deze leefregel had? Komen de leefregels overeen met opvattingen die uw familie of uw opvoeders hadden?

Nieuwe stof

Onderzoeken leefregel

In de komende sessies gaat u samen met de therapeut in een aantal stappen uw leefregel onderzoeken. Allereerst is het van belang dat u één leefregel kiest die u nader wilt onderzoeken. Dat kan een leefregel zijn waar u regelmatig mee geconfronteerd wordt (via negatieve gedachten in het hier en nu) ofwel een leefregel die veel oproept. Hieronder treft u de stappen aan die uw therapeut met u gaat volgen:

I. Stappenplan bij het onderzoeken van leefregels via de droomleefregel

1. Beschrijf de beperkende leefregel.
2. Ga de voor- en nadelen van het hebben van deze leefregel na; indien meer voordelen, dan leefregel behouden.
3. Trek een lijn voor de extremen per kernwoord en plaats de deelnemer op de lijn, nu en in het verleden.
4. Identificeer vanuit de beperkende leefregel de droomleefregel.
5. Trek een lijn voor de extremen per kernwoord en plaats de deelnemer op de lijn, nu en in het verleden; waar zou men graag willen zijn op de lijn? Waar zit men op positieve/negatieve ankerpunten in het verleden?
6. Definieer de kenmerken per kernwoord van de droomleefregel.
7. Maak een lijn met twee uitersten per kenmerk en plaats de extreme anderen en uzelf op de lijn.
8. Ga terug naar de droomleefregel, waar plaatst u uzelf na dit onderzoek op de lijn?
9. Reken af: is deze leefregel passend/helpend/kloppend? Zo nee:
10. Formuleer een meer helpende leefregel.
11. Test in de praktijk en bevorder de nieuwe leefregel, het gedragsexperiment of de flashcardmethode.

Een andere methode die gebruikt kan worden treft u hieronder aan. Uw therapeut zal deze nader uitleggen.

II. Stappenplan bij het onderzoeken van leefregels via beperkende leefregel

1. Beschrijf de beperkende leefregel.
2. Ga de voor- en nadelen van het hebben van deze leefregel na, indien meer voordelen, dan deze leefregel wellicht behouden.
3. Trek een lijn voor de extremen per kernwoord en plaats de deelnemer op de lijn, nu en in het verleden; waar zou men graag willen zijn op de lijn? Waar zit men op positieve/negatieve ankerpunten in het verleden?
4. Definieer de kenmerken per kernwoord van de beperkende leefregel.
5. Maak een lijn met twee uitersten per kenmerk en plaats de extreme anderen en uzelf op de lijn.
6. Ga terug naar de beperkende leefregel, waar plaatst men zich na dit onderzoek op de lijn?
7. Reken af: is deze leefregel passend/helpend/kloppend? Zo nee:
8. Formuleer een andere, meer helpende/wenselijke, leefregel.
9. Test in de praktijk en bevorder de nieuwe leefregel, het gedragsexperiment of de flashcardmethode.

In deze cognitieve training geven we de voorkeur aan het onderzoeken van uw leefregel door een droomleefregel te vinden die gekoppeld is aan de beperkende leefregel (zie stappenplan I hierboven). Deze methode zal in de komende sessies stap voor stap aan de orde komen.

Voordat u een volgende stap kunt gaan nemen, namelijk nader onderzoeken of de leefregel wel helemaal klopt, is het van belang om te bekijken of de leefregel wel beperkend voor u is. Ofwel: *Hebt u last van de leefregel of helpt de leefregel u juist?*

Dit kunt u doen door op een rijtje te zetten wat *de voor- en nadelen zijn van het hanteren van de leefregel*. In de sessie maakt u een begin met dit voor uzelf op een rijtje te zetten, om het vervolgens thuis verder te kunnen uitwerken. Ook eventuele groepsleden kunnen u wellicht helpen om deze voordelen en nadelen met u uit te zoeken.

Voorbeeld

Stel u hebt de volgende leefregel: 'Ik moet alles wat ik doe goed doen, anders ben ik niets waard'. Deze leefregel zou als voordeel kunnen hebben dat u veel energie stopt in het voorkomen van fouten en zodoende iets minder fouten maakt. Een nadeel zou kunnen zijn dat het u veel energie kost om te voorkomen dat u fouten maakt, wat zou kunnen leiden tot vermoeidheid. Daarnaast is de kans groot dat u regelmatig denkt dat u een waardeloos mens bent, aangezien een mens eenvoudigweg niet alles goed kan doen.

Hebt u zelf het idee dat er meer nadelen kleven aan de leefregel dan voordelen, dan heeft het zin om de leefregel verder te onderzoeken. Verder komen in deze sessie ook leefregels aan bod die niet beperkend, maar helpend zijn. Besproken wordt op welke wijze deze leefregels u helpen.

Nieuw thuiswerk

Het is de bedoeling dat u voor de volgende keer van één van uw beperkende leefregels, de voor- en nadelen van het hanteren van deze leefregel op een rijtje zet. U kunt hiervoor Registratieformulier 3 aan het eind van deze sessie gebruiken.

Thuiswerk voor komende sessie

– Aanvullen van oude (beperkende) leefregels in Registratieformulier 2.
– Eén leefregel uitzoeken en voor- en nadelen van deze regel invullen in Registratieformulier 3.
– Lezen werkboek sessie 4.

Registratieformulier 2

Beperkende leefregels

Naam: _____

Noteer oude (beperkende) leefregels zoals u die hebt aangetroffen in de leefregelvragenlijst.
Het is ook mogelijk zelf beperkende leefregels te formuleren.

Beperkende leefregels:

1. _____
2. _____
3. _____
4. _____
5. _____
6. _____
7. _____
8. _____
9. _____
10. _____
11. _____
12. _____
13. _____
14. _____
15. _____
16. _____
17. _____
18. _____
19. _____
20. _____

Registratieformulier 3

Voor- en nadelen van een beperkende leefregel

Naam: _____

Noteer één oude (beperkende) leefregel en formuleer de voor- en nadelen van het hebben van deze leefregel.

Oude (beperkende) leefregel:

_____

_____

_____

Voordelen van deze leefregel:

1. _____

2. _____

3. _____

4. _____

5. _____

6. _____

Nadelen van deze leefregel:

1. _____

2. _____

3. _____

4. _____

5. _____

6. _____

Sessie 4

Reacties vorige sessie

Aan het begin van deze sessie worden eerst reacties/vragen naar aanleiding van de vorige sessie besproken.

Bespreking thuiswerk vorige sessie

Registratie oude beperkende leefregels

Zijn er nog andere leefregels bijgekomen in de afgelopen weken, waar u aanvankelijk niet aan dacht of waarvan u zich niet bewust was?

Opschrijven voor- en nadelen oude/beperkende leefregel

Aan de orde komt of het gelukt is op Registratieformulier 3 (van sessie 3) zo veel mogelijk voordelen en nadelen op een rijtje te zetten van uw leefregel. Indien dit niet het geval is, kunnen uw therapeut en de eventuele andere groepsleden u daar wellicht nog bij helpen. Vervolgens wordt samen met u een afweging gemaakt of het de moeite waard is om deze leefregel nader te onderzoeken (in het geval dat er meer nadelen zijn dan voordelen).

Nieuwe stof

Onderzoeken van een leefregel, de kenmerken

Hebt u een oude (beperkende) leefregel gevonden die meer nadelen dan voordelen voor u heeft, dan kunt u een begin maken met het onderzoeken van deze leefregel. Leefregels kunnen in een bepaalde periode in uw leven passend en beschermend zijn, maar in uw huidige omstandigheden zijn ze misschien niet meer passend en daardoor beperkend. Het onderzoeken van een leefregel bestaat uit het nagaan of deze leefregel nog wel bij u past.
In deze en de komende sessies zal een volgende stap genomen worden met het nader onderzoeken en zo mogelijk bijstellen van beperkende leefregels. U gaat zelf in stappen onderzoeken of deze leefregel wel helemaal klopt en of de leefregel nog wel past in uw leven.
Dit zal de therapeut met u doen door op een lijn zowel voor *uzelf* op verschillende momenten in uw leven, als eventueel voor *een ander* een inschatting te maken in hoeverre de leefregel van toepassing is (dit wordt de continuümtechniek genoemd).

Figuur 3

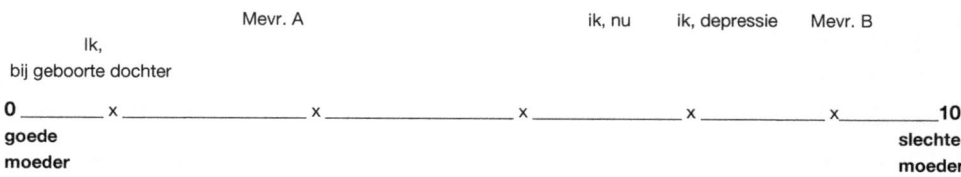

Voorbeeld: 'Ik ben een slechte moeder'

```
                            Mevr. A                    ik, nu    ik, depressie   Mevr. B
         Ik,
   bij geboorte dochter
   0_____x_____x_____x_____x_____x_____10
   goede                                                                          slechte
   moeder                                                                         moeder
```

Onderzoeken van een leefregel door een droomleefregel te bepalen

U kunt er ook voor kiezen om een andere methode te gebruiken om uw leefregel te onderzoeken, namelijk door te fantaseren over de leefregel die u graag zou wensen of dromen te hebben, bijvoorbeeld in plaats van de oude leefregel 'Ik ben waardeloos', een leefregel als 'Ik ben geweldig'. Het gaat dus om een leefregel die niet haalbaar hoeft te zijn, maar die in uw fantasie heerlijk zou zijn (door drs. Padesky nader uitgewerkt, Center for Cognitive Therapy: www.padesky.com). Het voordeel van deze methode is dat u zich minder hoeft te richten op negatieve gedachten en denkpatronen en toch via een andere weg uw beperkende leefregel onderzoekt en zo mogelijk bijstelt.

Vervolgens neemt u dezelfde stappen om uw droomleefregel te onderzoeken. Trek een lijn voor de extremen per kernwoord van de droomleefregel en plaats de deelnemer op de lijn. Gebruik daarbij ook het tijdsperspectief: Waar zit u nu en in het verleden? Waar zou u graag willen zitten op de lijn? Waar zit u bij positieve/negatieve ankerpunten in het verleden, zoals bij de geboorte van kinderen, het behalen van een examen?

Figuur 4

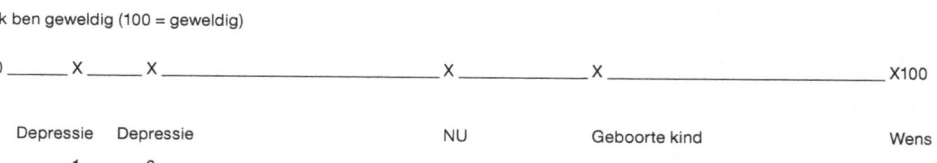

Voorbeeld: 'Ik ben geweldig'

```
Ik ben geweldig (100 = geweldig)

0_____x_____x_____x_____x_____X100

Depressie  Depressie              NU         Geboorte kind                Wens
   1          2
```

U zet op een rijtje wat de kenmerken zijn van de droomleefregel. In dit voorbeeld zouden dat de kenmerken van 'Ik ben geweldig' zijn:
– voor anderen klaarstaan;
– lief voor anderen zijn;
– alle kasten opgeruimd hebben;
– alle was weggewerkt hebben;
– nooit te laat komen op het werk;
– alles in één keer goed doen.

Positieve gevoelens

In sessie 1 is al even aangekaart dat veel mensen die hersteld zijn van een depressie moeite hebben om tot in detail persoonlijke ervaringen te kunnen onthouden en weergeven. Dit kan het moeilijk maken om problemen op te lossen. Zodoende besteden we in deze training veel aandacht aan het tot in detail weergeven van de dingen die u meemaakt. Gezien het feit dat mensen die depressief zijn of zijn geweest, naast negatieve ervaringen, ook positieve ervaringen niet in detail onthouden, besteden we ook aandacht aan het tot in detail weergeven van positieve gebeurtenissen (o.a. Pollock & Williams, 2001; Petersen et al., 2004). Dit wordt geoefend door minimaal één keer per dag de drie kolommen in te vullen, net zoals u dat na de eerste bijeenkomst gedaan hebt voor negatieve gevoelens, maar nu na verbetering van uw stemming of als u een *positief gevoel* hebt (denk aan blijdschap, geluk, verrassing, veilig gevoel). Probeer de drie kolommen van Registratieformulier 5, aan het eind van deze sessie, kort en bondig in te vullen met behulp van korte zinnen. Het positieve gevoel beschrijft u in kolom 2.

Beschrijf in de eerste kolom de situatie waarin u dit gevoel kreeg, dit mag ook een bepaalde reeks van gedachten zijn, een dagdroom of een herinnering die tot het gevoel leidde. Vervolgens beschrijft u in kolom 3 de gedachten die met dit gevoel te maken hadden. Het is de bedoeling circa vijf minuten per dag te besteden aan het invullen van de kolommen na een positief gevoel of een verbetering van het gevoel.

Voorbeeld

Figuur 5

Situatie	Gevoel	Automatische gedachte
De zon schijnt	blij	"Het wordt een mooie dag"

Nieuw thuiswerk

Voor de volgende keer is het de bedoeling één beperkende leefregel of een droomleefregel uit te kiezen en per kernwoord de belangrijkste kenmerken te omschrijven in Registratieformulier 4, aan het eind van deze sessie. Ook wordt u gevraagd circa vijf minuten per dag te besteden aan het invullen van de drie kolommen na een positief gevoel of een verbetering van het gevoel (in Registratieformulier 5).

Thuiswerk voor komende sessie

– Eén leefregel uitzoeken en omschrijving in kenmerken per kernwoord maken in Registratieformulier 4.
– Invullen drie kolommen, eenmaal per dag bij een positief gevoel (Registratieformulier 5).
– Lezen werkboek sessie 5.

Registratieformulier 4

Omschrijving van kernwoorden van een droomleefregel of een beperkende leefregel

Naam: _____

Noteer een droomleefregel of een oude (beperkende) leefregel, noteer kernwoorden en beschrijf de kenmerken van de kernwoorden

Droomleefregel OF oude (beperkende) leefregel:

_____

_____

_____

Kernwoord: _____
Kenmerken:

1. _____

2. _____

3. _____

4. _____

5. _____

6. _____

Kernwoord: _____
Kenmerken:

1. _____

2. _____

3. _____

4. _____

5. _____

6. _____

Registratieformulier 5

De drie kolommen bij positieve gevoelens

Naam: _____

Situatie	Gevoel	Automatische gedachte
Beschrijf de gebeurtenis of de gedachtestroom (beeld, dagdroom, herinnering) die leidde tot een plezierig of prettig gevoel (1 zin).	Noteer: 1. Welk gevoel?	1. Beschrijf de gedachten die aan het plezierige gevoel vooraf gingen.

Sessie 5

Reacties vorige sessie

Aan het begin van deze sessie worden eerst reacties/vragen naar aanleiding van de vorige sessie besproken.

Bespreking thuiswerk vorige sessie

Omschrijving in kenmerken van kernwoorden van beperkende of droomleefregel

In de bespreking van het ingevulde Registratieformulier 4 (van sessie 4) komt aan de orde of het lukte om verschillende kenmerken te vinden van het kernwoord. Daarnaast is er ruimte om, indien het onvoldoende lukte kenmerken te vinden, dit samen met de therapeut te doen.

Invullen drie kolommen positieve gevoelens

Besproken wordt wat de ervaringen zijn naar aanleiding van het bijhouden van gevoelens en gedachten na een verbetering van de stemming of bij een positief gevoel (Registratieformulier 5 van sessie 4). *Hoe was het voor u om te doen? Vielen u bepaalde zaken op? Had het invloed op uw stemming? Was het moeilijk of juist makkelijk om één voorbeeld te vinden per dag?*

Nieuwe stof

Bijstellen beperkende leefregels

In deze en de komende sessies zal een volgende stap genomen worden met het nader onderzoeken en zo mogelijk bijstellen van beperkende leefregels.
Met behulp van de omschrijving van de kernwoorden uit uw leefregel (ofwel een droomleefregel ofwel een beperkende leefregel) die u in de afgelopen week gemaakt hebt, gaan we verder met het onderzoeken van de leefregel. Dit doen we door op een lijn zowel voor *uzelf* als voor *een ander* een inschatting te maken in hoeverre de kernwoorden op u van toepassing zijn (dit wordt de continuümtechniek genoemd, zie ook sessie 4). In deze sessie zal hiermee een begin gemaakt worden.
In het voorbeeld (zie figuur 6) wordt gewerkt met een beperkende leefregel: 'Ik ben een slechte moeder', met als een van de kenmerken 'nooit van school halen tussen de middag'.
Daarnaast kunt u, indien er in groepsvorm gewerkt wordt, gebruikmaken van de groep om te bedenken in hoeverre het kernwoord wel en niet op u van toepassing is

Figuur 6
Voorbeeld continuümtechniek.

(bewijzen voor en tegen zoeken met de andere deelnemers). Nadat u in deze sessie uzelf en een enkele andere op uw eigen lijn hebt gezet (niet alleen voor deze, maar ook voor verschillende andere periodes van uw leven), wordt u gevraagd thuis nog meer voorbeelden te zoeken van mensen die op de lijn kunnen worden gezet; denk daarbij ook aan extremen. Hierbij kunt u aan directe bekenden en ook aan beroemde mensen denken. Probeer vooral voorbeelden van de extremen te zoeken (bijvoorbeeld iemand die u de volle 10 geeft voor 'geweldig' of 'zeer goed' of iemand die u inschat als 'zeer slecht'. Bruikbaar zijn ook historische figuren als: Winston Churchill, Napoleon, Vincent van Gogh, Mozart, moeder Theresa, Maria Montessori, maar ook andere beroemde mensen als Barack Obama, Nelson Mandela, Bill Clinton, Margaret Thatcher, Oprah Winfrey, Paul de Leeuw, Elvis Presley, Michael Jackson, Meryl Streep, Mies Bouman, de Paus, de Dalai Lama enzovoort.

Helpende leefregels

Deze keer is er in de sessie niet alleen opnieuw aandacht voor oude beperkende leefregels, maar ook voor leefregels die *niet beperkend zijn, maar helpend*. Welke leefregels hebt u nu die vooral helpend zijn in plaats van beperkend? De meeste mensen hebben naast beperkende leefregels zelf ook al helpende leefregels. Deze helpende leefregels kunnen mogelijk versterkt worden. Niet iedereen is zich ervan bewust welke helpende leefregels dat zijn. In de sessie zal hier opnieuw aandacht aan besteed worden en zullen helpende leefregels met elkaar worden uitgewisseld.

Preventieplan

Verder kunt u een begin maken met het ontwerpen van uw eigen 'preventieplan' (Registratieformulier 7, aan het eind van deze sessie). In dit preventieplan wordt opgenomen wat u zelf kunt doen om een verslechtering van de stemming te voorkomen. Dit gaat als volgt. U begint met het invullen van de eerste kolom, door op te schrijven waaraan u herkent dat u weer depressieve klachten hebt. Denk daarbij bijvoorbeeld aan het begin van de vorige depressie. *Hoe ging het toen met het slapen, eten, piekerde u veel, kon u zich minder concentreren, had u minder zin om dingen te ondernemen, merkte uw omgeving iets bijzonders?* Het is goed om dit ook aan uw partner of vrienden te vragen. Wellicht kunnen zij u helpen met het invullen van deze kolom. Daarna vult u in kolom 2 oude beperkende leefregels in die u in de afgelopen sessies bent tegengekomen of uit de periode dat u depressief was. Als laatste vult u de derde kolom in. U kunt beginnen met wat u geleerd hebt in deze training; hoe kunt u negatieve gedachten opsporen, hoe kunt u leefregels opsporen en veranderen (testen en onderzoeken).

Denk bij het invullen van de laatste kolom ook aan de dingen die u de vorige keren geholpen hebben bij het opknappen. In deze sessie zal dit, indien er in groepsvorm wordt gewerkt, met uw medegroepsleden worden uitgewisseld; zo kunt u ook profiteren van andermans ervaringen op dit gebied. In deze derde kolom kan bijvoorbeeld een punt voorkomen als 'het uitbreiden van het aantal activiteiten dat u doet', en dan vooral de activiteiten die u *graag* doet of deed. Het blijkt dat mensen met depressieve klachten geneigd zijn om steeds *minder* dingen te doen, terwijl het beter voor uw stemming is om juist *meer* prettige dingen te gaan ondernemen. Daarbij is het verstandig om de activiteiten van tevoren in te plannen, anders komt het er vaak niet van. Ook de volgende punten kunnen eventueel in de derde kolom voorkomen. Soms is het weer innemen van medicatie een remedie tegen verdere depressieve terugval. Daarnaast kunt u bepaalde oefeningen die u hier geleerd hebt weer opnieuw gaan doen, bijvoorbeeld het invullen van de drie kolommen bij een stemmingsverslechtering (zie sessie 1), om zicht te krijgen op de negatieve gedachten.

Nieuw thuiswerk

Zoek thuis nog meer voorbeelden van mensen die op de lijn bij een leefregel van uzelf kunnen worden gezet, denk daarbij ook aan extremen en voorbeelden als beroemde mensen (zie boven). Plaats deze mensen op uw lijn.
U kunt zelf thuis de helpende leefregels proberen te vinden en deze op een rijtje zetten in Registratieformulier 6, aan het eind van deze sessie.
Verder kunt u een begin maken met het ontwerpen van uw eigen 'preventieplan' (Registratieformulier 7, aan het eind van deze sessie).

Thuiswerk voor komende sessie

- Invullen drie kolommen, eenmaal per dag bij een positief gevoel (Registratieformulier 5).
- Lijn bij een eigen leefregel invullen, mensen op de lijn plaatsen (zoek ook voorbeelden van extremen).
- Helpende leefregels zoeken en op een rijtje zetten (Registratieformulier 6).
- Begin maken met het invullen van het eigen preventieplan (Registratieformulier 7).
- Lezen werkboek sessie 6.

Registratieformulier 5

De drie kolommen bij positieve gevoelens

Naam: _____

Situatie	Gevoel	Automatische gedachte
Beschrijf de gebeurtenis of de gedachtestroom (beeld, dagdroom, herinnering) die leidde tot een plezierig of prettig gevoel (1 zin).	Noteer: 1. Welk gevoel?	1. Beschrijf de gedachten die aan het plezierige gevoel vooraf gingen.

Registratieformulier 6

Helpende leefregels

Naam: _____

Noteer helpende leefregels die u al hebt.

Helpende leefregels:

1. _____

2. _____

3. _____

4. _____

5. _____

6. _____

7. _____

8. _____

9. _____

10. _____

Registratieformulier 7

Preventieplan

Naam: _____

Waaraan herken ik terugval? Klachten?	Wat zijn mijn oude leefregels? Gevoelige plek?	Wat kan ik doen? Wat helpt?

Sessie 6

Reacties vorige sessie

Aan het begin van deze sessie worden eerst reacties/vragen naar aanleiding van de vorige sessie besproken. Daarna wordt het thuiswerk besproken en het doel van deze zesde sessie: het trekken van conclusies en het vinden en testen van passende leefregels.

Bespreking thuiswerk vorige sessie

Invullen drie kolommen bij positief gevoel

Hier wordt opnieuw kort aandacht aan besteed, vooral indien u bijzonderheden aangeeft.

Invullen van voorbeelden op uw lijn

Besproken wordt hoe het voor u was om te doen. Vond u voorbeelden van mensen die aan de extremen op de lijn voldoen? In deze sessie worden nog verschillende voorbeelden besproken en met de therapeut en eventueel met groepsleden wordt gezocht naar nog meer voorbeelden. Daarnaast wordt voor een ieder nagegaan waar men zichzelf nu neerzet, na deze inventarisatie; eerst op de lijn van het kenmerk, dan ook op de lijn van de leefregel. Wat viel u op?

Helpende leefregels zoeken en op een rijtje zetten

De genoteerde aanwezige helpende leefregels worden besproken.

Begin maken met invullen preventieplan

In de sessie worden alle preventieplannen besproken en eventueel worden groepsleden aangespoord elkaar van tips te voorzien om het zo compleet mogelijk te maken.

Nieuwe stof

Op basis van het onderzoeken van de kenmerken op uw lijn wordt met de therapeut gekeken in hoeverre de beperkende leefregel op dit moment van uw leven voor u opgaat. Voor ieder afzonderlijk wordt in de sessie nagegaan welke conclusie men verbindt aan deze inventarisatie; past de leefregel (beperkende leefregel of droomleefregel)? Is er een meer passende leefregel te bedenken?

Gedragsexperiment

Daarnaast is het verstandig om uit te proberen of de nieuwe, meer passende, leefregel wel goed werkt. De therapeut kan samen met u zoeken naar de beste manier om dit te testen. Dit wordt een *gedragsexperiment* genoemd. Uw therapeut en de groepsleden kunnen u helpen dit experiment op te zetten. Hieronder treft u een voorbeeld aan om dit te verduidelijken.

Voorbeeld gedragsexperiment

Een man had de volgende beperkende leefregel: 'Als ik fouten maak, laten de mensen waar ik van houd mij in de steek'. Hij onderzocht deze leefregel, kwam tot de conclusie dat hij onvoldoende bewijs had om deze leefregel te handhaven en formuleerde de volgende meer helpende leefregel: 'Het maken van fouten is menselijk en zal voor degenen waar ik van houd geen reden zijn mij in de steek te laten'. Om deze nieuwe leefregel te testen, bedacht hij het volgende experiment: hij besloot opzettelijk een fout te maken door de brief die hij aan zijn volwassen zoon schreef te voorzien van enkele spelfouten. Hij verwachtte op grond van zijn oude beperkte leefregel dat zijn zoon niet zou reageren op de brief en dat hij verder geen contact meer met hem zou willen. Op grond van de nieuwe leefregel verwachtte hij dat zijn zoon hem gewoon zou terugschrijven, zoals hij dat altijd deed. Afgesproken werd dat hij zijn zoon zou bellen indien hij niet binnen een week gereageerd had op de brief. Hij zou zijn zoon dan vragen of zijn spelfouten te maken hadden met de reden waarom hij niet terugschreef. De man schreef de brief met de fouten aan zijn zoon. De dagen erna merkte hij dat hij gespannen was. Hij dacht soms aan de mogelijkheid dat zijn zoon hem, vanwege zijn fouten, niet meer zou willen zien. Die week nog belde zijn zoon hem op en gaf aan dat hij de brief gelezen had. Hij vroeg zijn zoon of hij zijn fouten had opgemerkt en zijn zoon zei dat iedereen wel eens een foutje maakt en dat hij zeker haast had gehad bij het schrijven. Op grond van deze ervaring kreeg hij meer bewijs voor zijn nieuwe leefregel. Hij besloot enkele andere experimenten op te zetten om deze leefregel nog enkele keren te testen.

Dit voorbeeld geeft aan dat het van belang is om in de praktijk de oude beperkende en nieuwe gewenste leefregel te testen. Daarnaast is het goed om de leefregels te testen in verschillende situaties. Net als in dit voorbeeld komt het vaak voor dat het testen van de leefregel spanning oproept. Dit is eigenlijk heel logisch; het gaat immers om het proberen van iets nieuws.
Bij het testen van een nieuwe leefregel kan Registratieformulier 8, aan het eind van deze sessie, gebruikt worden. Vul van tevoren in wat de leefregels zijn (de oude en eventueel de nieuwe), hoe het experiment uitgevoerd wordt en wat u verwacht. Na het experiment kunt u beschrijven voor welke leefregel u bewijs vond en voor welke niet.

Nieuw thuiswerk

Eventueel kunt u als huiswerk één helpende leefregel met een gedragsexperiment testen en uw bevindingen invullen in Registratieformulier 8.

Thuiswerk voor komende sessie

- Invullen drie kolommen, eenmaal per dag bij een positief gevoel (Registratieformulier 5).
- Verder invullen van het eigen preventieplan (Registratieformulier 7).
- Eventueel één helpende leefregel testen met gedragsexperiment (Registratieformulier 8).
- Lezen werkboek sessie 7.

Registratieformulier 5

De drie kolommen bij positieve gevoelens

Naam: _____

Situatie	Gevoel	Automatische gedachte
Beschrijf de gebeurtenis of de gedachtestroom (beeld, dagdroom, herinnering) die leidde tot een plezierig of prettig gevoel (1 zin).	Noteer: 1. Welk gevoel?	1. Beschrijf de gedachten die aan het plezierige gevoel vooraf gingen.

Registratieformulier 7

Preventieplan

Naam: _____

Waaraan herken ik terugval? Klachten?	Wat zijn mijn oude leefregels? Gevoelige plek?	Wat kan ik doen? Wat helpt?

Registratieformulier 8
Experiment met leefregel

Naam: _____

A) Beperkende leefregel:
_____

B) (Eventueel) nieuwe helpende leefregel:
_____

Omschrijving experiment:
_____
_____
_____
_____
_____
_____

Verwachtingen van experiment:
_____
_____
_____
_____
_____
_____
_____

Uitkomst experiment:
_____
_____
_____
_____

Bewijzen voor en tegen leefregel bij A:
_____
_____

Bewijzen voor en tegen leefregel bij B:
_____
_____

Sessie 7

Reacties vorige sessie

Aan het begin van deze sessie worden eerst reacties/vragen naar aanleiding van de vorige sessie besproken.

Bespreking thuiswerk vorige sessie

Invullen drie kolommen bij positief gevoel

Hier wordt opnieuw kort aandacht aan besteed. De vraag komt aan de orde of het zinvol is voor de deelnemer dit nog voort te zetten.

Testen leefregel (gedragsexperiment)

In de sessie zal veel aandacht worden besteed aan hoe het gedragsexperiment is verlopen. *Kwamen de verwachtingen uit of juist niet? Waarom niet? Moet de leefregel opnieuw getest worden, onder andere omstandigheden? Heeft het experiment u overtuigd van iets? Welke conclusies kunnen eraan verbonden worden?*

Verder invullen preventieplan

Besproken wordt wat er nog nodig is om het preventieplan af te gaan ronden en in een definitieve vorm te gieten. *Op welke manier kunt u het lang bewaren, waar en hoe?*

Nieuwe stof: vinden van een passende leefregel en deze laten beklijven

In deze sessie zal verder nog aandacht worden besteed aan het vinden van passende leefregels. Daarnaast kan het enige tijd vergen voordat helpende leefregels echt beklijven. Het is daarom belangrijk om te blijven oefenen. Om u te helpen bij het oefenen met nieuwe passende leefregels, is het de bedoeling dat u zelf *kaartjes* maakt (bijvoorbeeld in het formaat van een bankpasje) met daarop *passende, helpende leefregels*.

Nieuw thuiswerk

U maakt thuis kaartjes met passende, helpende leefregels. Draag deze kaartjes de volgende week bij u (bijvoorbeeld in de tas of binnenzak) en lees de kaartjes wanneer u negatieve gedachten hebt.

Thuiswerk voor komende sessie

- Afronden van het eigen preventieplan (Registratieformulier 7).
- Eventueel één helpende leefregel nog een keer testen met gedragsexperiment (Registratieformulier 8).
- Kaartjes maken met passende, helpende leefregels; deze bij u dragen en lezen bij negatieve gedachten.
- Lezen werkboek sessie 8.

Registratieformulier 7

Preventieplan

Naam: _____

Waaraan herken ik terugval? Klachten?	Wat zijn mijn oude leefregels? Gevoelige plek?	Wat kan ik doen? Wat helpt?

Registratieformulier 8

Experiment met leefregel

Naam: _____

A) Beperkende leefregel:
_____

B) (Eventueel) nieuwe helpende leefregel:
_____

Omschrijving experiment:
_____
_____
_____
_____
_____
_____

Verwachtingen van experiment:
_____
_____
_____
_____
_____
_____

Uitkomst experiment:
_____
_____
_____
_____

Bewijzen voor en tegen leefregel bij A:
_____
_____

Bewijzen voor en tegen leefregel bij B:
_____
_____
_____

Sessie 8

Reacties vorige sessie

Aan het begin van deze sessie worden eerst reacties/vragen naar aanleiding van de vorige sessie besproken.

Bespreking thuiswerk vorige sessie

Testen leefregel (gedragsexperiment)

Besproken wordt hoe het gedragsexperiment is verlopen. Kwamen de verwachtingen weer uit of deze keer niet? Wat zou een verklaring kunnen zijn? Moet de leefregel opnieuw getest worden, onder andere omstandigheden? Heeft het experiment u overtuigd van iets? Welke conclusies kunnen eraan verbonden worden?

Kaartjes met helpende leefregels gebruiken

In de bespreking komen de volgende vragen aan de orde. Hoe was het om gebruik te maken van de kaartjes? Wat voor een effect had het? Is het iets om nog een tijdje mee door te gaan? Zijn de kaartjes te verbeteren?

Afronden preventieplan

In deze sessie worden de individuele preventieplannen besproken en de wijze waarop een preventieplan na deze training te gebruiken is bij eventuele depressieve terugval.

Afronding van de training, terugblik en afscheid

Het blijft ook na deze training van belang om aandacht te besteden aan beperkende leefregels en het veranderen van deze leefregels. Het kan enige tijd vergen voordat helpende leefregels echt beklijven. Dit betekent dat u alert moet blijven op de beperkende leefregels en actief moet zoeken naar de helpende leefregels. Daarbij kunt u gebruikmaken van de kaartjes met helpende leefregels. Verder kunt u gebruikmaken van de door u ingevulde formulieren van dit werkboek.
We raden u aan dit werkboek en uw eigen preventieplan goed te bewaren. Mogelijk zult u het nog eens nodig hebben.

Literatuur

Beck, J.S. (1995). Cognitive Therapy: Basics and beyond. New York: The Guilford Press.

Beck, A.T., Rush, J., Shaw, B. & Emery, G. (1979). Cognitive therapy of depression. New York: Guilford.

Bockting, C.L.H., Schene, A.H. & Spinhoven Ph. et al. (2005). Preventing recurrence in recurrent depression using cognitive therapy. J Cons Clin Psychol, 73, 647-657.

Bockting, C.L.H. (2006). The rhythm of depression: The course of recurrent depression and prevention of relapse using cognitive therapy. Amsterdam: UvA.

Bockting, C.L.H., Spinhoven, Ph. & Huibers, M.J.H. (in druk). Relapse prevention in recurrent depression using CBT. In S. Richards & M. Perry (Eds) (in druk). Relapse prevention for depression. Washington D.C.: American Psychological Association.

Bockting, C.L.H., Spinhoven, Ph., Wouters, L.F., Koeter, M.W.J. & Schene, A.H. (in druk). Long term effects of preventive cognitive therapy in recurrent depression using: 5.5 years follow-up. Journal of Clinical Psychiatry.

Fava, G.A., Ruini, C., Rafanelli, C., Finos, L., Conti, S., & Grandi, S. (2004). Six-year outcome of cognitive behavior therapy for prevention of recurrent depression. American Journal of Psychiatry, 161, 1872-1876.

Petersen, T., Harley, R., Papakostas, G.I., Montoya, H.D., Fava, M. & Alpert J.E. (2004). Continuation cognitive-behavioural therapy maintains attributional style improvement in depressed patients responding acutely to fluoxetine. Psychological Medicine, 34, 555-561.

Pollock, L.R., & Williams, J.M.G. (2001). Effective problem solving in suicide attempters depends on specific autobiographical recall. Suicide and Life Threatening Behavior, 31, 386-396.

Teasdale, J.D., Segal, Z.V., Williams, J.M.G., Ridgeway, V.A., Soulsby, J.M., & Lau, M.A. (2000). Prevention of relapse/recurrence in major depression by mindfulness-based cognitive therapy. Journal of Consulting and Clinical Psychology, 68, 615-623.

Vittengl, J.R., Clark, L.A., Dunn, T.W. & Jarrett, R.B. (2007). Reducing relapse and recurrence in unipolar depression: a comparative meta-analysis of cognitive-behavioral therapy's effects. Journal of Consulting and Clinical Psychology, 75, 475-488.

GPSR Compliance
The European Union's (EU) General Product Safety Regulation (GPSR) is a set of rules that requires consumer products to be safe and our obligations to ensure this.

If you have any concerns about our products, you can contact us on

ProductSafety@springernature.com

In case Publisher is established outside the EU, the EU authorized representative is:

Springer Nature Customer Service Center GmbH
Europaplatz 3
69115 Heidelberg, Germany